MEINE KATZE
IST EIN
ARSCH-LOCH
DEINE AUCH?

MEINE KATZE

IST EIN

ARSCH-
LOCH

DEINE AUCH?

First published in Great Britain in 2016 by Trapeze
An imprint of The Orion Publishing Group Ltd
Carmelite House, 50 Victoria Embankment
London WC4Y 0DZ
An Hachette Company

© Orion Publishing Group Ltd 2016

Titel der Originalausgabe: My cat is a dick
Text © Malcolm Katz

Alle Rechte der Verbreitung, auch durch Film, Funk, Fernsehen, fotomechanische Wiedergabe, Tonträger aller Art, auszugsweisen Nachdruck oder Einspeicherung und Rückgewinnung in Datenverarbeitungsanlagen aller Art, sind verboten.

© der deutschsprachigen Ausgabe
Naumann & Göbel Verlagsgesellschaft mbH
Emil-Hoffmann-Straße 1
D-50996 Köln

Texte: Klaus Bunte
Illustrationen: © Designed by Freepik (Katzen),
Fotolia.com – © warmworld (Tatzen)
Redaktion: Cornelia Teich

Gesamtherstellung: Naumann & Göbel Verlagsgesellschaft mbH, Köln
Alle Rechte vorbehalten

www.naumann-goebel.de

Stets eine helfende

PFOTE

im Haushalt

Schau nicht so **BLÖD**. Geh dir halt woanders die Pfoten waschen.

Gegen mich wirkt Dita von Teese doch nur wie **MUTTER BEIMER!**

Ich höre erst damit auf, wenn du mein **KATZENSTREU** ausgewechselt hast.

Nein, ist mir egal, DASS DER LETZTE WECHSEL erst vor einer Stunde war.

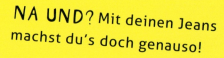

NA UND? Mit deinen Jeans machst du's doch genauso!

BANAUSE!
Ich spiele hier den Kampf gegen den Eisernen Vorhang nach.

Ich tue nur was gegen meinen **EISENMANGEL**.

WAS DENN?
Der Pelz auf dem Käsekuchen ist noch dicker!

Los, schalt um! **TOM UND JERRY** fängt an!

Katzen hinterlassen mancherlei

SPUREN

im Leben ihrer Menschen ...

Stets eine gute GESELLSCHAFT

ICH soll was abgeben? Kommt gar nicht in die Tüte.

PUSSY AUF PUZZLE. Passt doch!

In unserer Beziehung ist klar geregelt,

wer **OBEN** liegt

und wer **UNTEN**.

Stets ein großes

HERZ

Für das Leben auf der Straße muss man geboren sein, SÜSSE.

Was hängt ihr
MEIN SPIELZEUG
auch so weit oben auf.

SCHAU MAL,
ich kann auch schreiben:

„jdh hfs khfskd hsdhkhs kjdhvskjdhfla"

Stets im Einklang

mit der

NATUR

Erbrochen gibt dieses Zeug immer noch die schönsten Muster auf dem Flokati.

JETZT HALT GEFÄLLIGST DIE KLAPPE.

So lange, bis ich gewillt bin,

durch sie hindurchzuschlüpfen.

Respektiert stets die

GRENZEN

der anderen

Na schön, eine **WÄSCHESPINNE**.

Die Wäsche sehe ich, **ABER WO** ist die versprochene Spinne?

BILDNACHWEISE

Credits ending with * indicate photographs reproduced under the Creative Commons Attribution 2.0 Generic License.

ikurdymov/ shutterstock

Exclusive Visual/ iStock

sdominick/iStock

David Elfstrom/ iStock

Yegor Larin/ shutterstock

Lulamej/iStock

vvvita/iStock

Chang Ching Hwong/ iStock

simonidadjordjevic/ iStock

Michelle Gibson/ iStock

Tammy Fullum/iStock

blueperfect/iStock

stenli88/iStock

MelissaMorphew/ iStock

JCImagen/iStock

Kateryna Yakolieva/ shutterstock

Lulamej/iStock

koldunova/iStock

Ysbrand Cosijn/ iStock

Ysbrand Cosijn/iStock

karamysh/shutterstock

tuggboat/iStock

juffy/iStock

kuban_girl/iStock

robyvannucci/iStock

mile84/iStock

Dashabelozerova/iStock

Bradley Hebdon/iStock

lvalue
http://bit.ly/1WQviZf☆

Valerio Pardi/shutterstock

Sementinov/iStock

Smokey Joe
Anna Valentine

Max
Judy Gee

DanBrandenburg/iStock

shyflygirl/iStock

Jennifer Oehler/iStock

alexmak72427/iStock

lissart/iStock

piccerella/iStock

DRB Images, LLC/
iStock

Firsilar
Helena Jacoba
http://bit.ly/29hK7C5*

Aurora
Adele Pullarp

shyflygirl/iStock

eZeePics Studio/
iStock

Tyson Paul/iStock

Irina Kozorog/
shutterstock

tzahiV/iStock

sdominick/iStock

hagit berkovich/
shutterstock

lisa mory/iStock

Commodore Gandalf
Cunningham
http://bit.ly/1U0xiYN*

RoniMeshulam
Abramovitz/iStock

Daniel Hjalmarson/
shutterstock

David Claassen/
iStock

rosiegirl14/iStock

Redzaal/iStock

ikurdymov/
shutterstock

ikurdymov/
shutterstock

Tibanna79/
shutterstock

Crissy1982/iStock

YURY KISIALIOU/iStock

T_A_Hammonds/iStock

ArtMarie/iStock

Lovelywalk/iStock

rollover/iStock

NOISO PHOTOGRAPHY/shutterstock

kimeveruss/iStock

ArtyAlison/iStock

eZeePics Studio/iStock

ksushsh/iStock

ksushsh/iStock

Creative Lab/shutterstock

Agnes Kantaruk/shutterstock

alexmak72427/iStock

Exclusive Visual/iStock

TETE3138/iStock

silkenphotography/iStock

Astrid Gast/iStock

mile84/iStock

Fabio lamanna/iStock

danchooalex/iStock

AlenaPaulus/iStock

Natasha Kevin Ballard http://bit.ly/1P3BZoc*

tzahiV/iStock

gldburger/iStock

Waltraud Ingerl/iStock

Ricardo De Mattos/iStock

Philip Hugh Tanton

images72/Shutterstock

Serenethos/iStock

tirc83/iStock

fotokate/iStock

Kemter/iStock

mishanik_210/shutterstock

donald_gruener/iStock

Astrid Gast/iStock

stephanieanjo/iStock

Tony Campbell/shutterstock

lofilo/iStock

Janice Waltzer
http://bit.ly/1THf8Ry*

Cate Frost/
Shutterstock

Herbert
Natasha Vouckelatou

Herbert
Natasha Vouckelatou

Carlos Castro
http://bit.ly/1WpGLy*

mhobl: http://bit.
ly/1XWfljC*

Benjamin Gelman/
iStock

ToskanalNC/
shutterstock

Gnat
Jane Hughes

Aurora
Adele Pullarp

oversnap/iStock

Valentina
Azhgirevich/iStock

kuban_girl/iStock

Audrey Roorda/iStock

Justin Dolske
http://bit.ly/1pZLDN5*

Cookie
Dean Brindle
http://bit.ly/1NS3Do5*

Jane Hughes